CULINAIRE KLEINTJES

40
SAUZEN BIJ
SPAGHETTI

© MCMI XXXIX
Uitgeverij
M & P bv
Postbus 466
6000 AL Weert

Recepten:
Natasha Koning
Illustraties:
Annemieke Bunjes
Vormgeving:
Rob van Assendelft
Zetwerk en montage:
M & P Tekst bv

ISBN 90 6590 350 X
CIP
NUGI 421

Alle rechten voorbehouden. Niets uit deze uitgave mag worden vermenigvuldigd, opgeslagen in een geautomatiseerd gegevensbestand, of openbaar gemaakt, in enige vorm of op enige wijze, hetzij elektronisch, mechanisch, door fotokopieën, opnamen, of enige andere manier, zonder voorafgaande schriftelijke toestemming van de uitgever.

INHOUD

	blz.
Tonijnsaus	6
Duivelse saus	7
Champignonsaus	8
Gehaktsaus	9
Pikante worstsaus	10
Mosselsaus	11
Pesto	12
Paddestoelensaus	13
Citroen-roomsaus	14
Knoflookolie	15
Kaassaus	16
Roquefortsaus met appel	17
Walnotensaus	18
Tomatensaus	19
Kerriesaus met doperwtjes	20
Broccolisaus met garnalen en zalm	21
Eiersaus	22
Maïssaus	23
Courgettesaus	24
Gembersaus	25
Olijvenpasta	26
Paprikasaus	27
Saus met kippelevertjes	28
Uiensaus	29
Saus van artisjokharten en kip	30
Tuinkerssaus	31
Roomsaus	32
Makreelsaus	33
Marsalasaus	34
Saus met erwtjes	35
Kreeftesaus	36
Aspergesaus	37
Kruidensaus	38
Luchtige dragonsaus	39
Zoete gehaktballetjessaus	40
Zalmsaus	41
Carbonarasaus	42
Preisaus	43
Pasta met waterkers	44
Kleurige pasta	45

TONIJNSAUS

1 ui
30 g boter of margarine
500 g tomaten
1 blikje tonijn op olie
½ pijpje bier
peper, zout, oregano

Pel de ui en snipper hem. Fruit de ui in de boter. Pel de tomaten door ze even in kokend heet water te dompelen en snijd ze in stukjes. Bak de tomaten enkele minuten zacht mee met de ui. Laat de tonijn uitlekken en verbrokkel hem.
Doe dit samen met het bier in de pan. Laat de saus nog 5 minuten zacht doorkoken en maak hem op smaak met peper, zout en oregano.

DUIVELSE SAUS

Pel de ui en snipper hem. Fruit hem in de olijfolie. Knijp het knoflookteentje erboven uit. Pel de tomaten door ze enkele tellen in kokend water te dompelen en snijd ze in stukjes. Bak ze even mee met de ui. Snijd de bacon in flinterdunne snippers en bak deze even mee. Snijd de peper in de lengte doormidden. Verwijder de pitjes en snipper hem. Voeg ook deze toe aan de saus. Laat de saus op laag vuur langzaam indikken.

1 ui
3 eetlepels olijfolie
1 knoflookteen
100 g bacon
2 tomaten
1 spaanse peper

CHAMPIGNONSAUS

250 g champignons
30 g boter
⅛ l crème fraîche
peper, zout
mosterd
scheutje rode wijn

Wrijf de champignons schoon met een doek en snijd ze in schijfjes. Bak de champignons goudbruin in de boter. Blus af met een scheutje rode wijn en roer de crème fraîche erdoor. Maak de saus op smaak met peper, zout en mosterd.

GEHAKTSAUS

Pel de ui en snipper hem. Fruit hem in de olie. Doe het gehakt erbij en rul het met een vork. Bak het gehakt bruin. Voeg het blik tomaten op sap toe. Druk de tomaten fijn met een pollepel en breng het geheel aan de kook. Voeg peper, zout, oregano en tijm toe en eventueel wat suiker. Laat de saus nog 10 minuten zacht koken.

1 ui
250 g gehakt
1 blik tomaten op sap
peper, zout
oregano, tijm
theelepel suiker

PIKANTE WORSTSAUS

20 g boter of margarine
200 g pikante Italiaanse worst (bijvoorbeeld Salciccia)
50 g zwarte olijven zonder pit
2 dl slagroom
peper
zout

Snijd de worst in kleine blokjes. Bak ze 10 minuten zachtjes in de boter of margarine. Hak de olijven fijn en laat ze meewarmen. Voeg de slagroom toe en laat de saus op hoog vuur inkoken tot hij dikker wordt. Voeg peper en zout naar smaak toe.

MOSSELSAUS

Smelt de boter en bak daarin zachtjes de mosselen. Bestrooi ze met peper en zout. Pers de teentjes knoflook erboven uit en roer de peterselie erdoor.
Garneer met wat plakjes citroen.

50 g boter	
200 g gekookte mosselen	
peper, zout	
2 knoflookteentjes	
½ kopje fijngehakte peterselie	

PESTO

1 bos verse basilicum
2 knoflookteentjes
100 g pijnappelpitten
50 g geraspte Parmezaanse kaas
peper, zout
2½ dl olijfolie

Was de basilicum, dep de blaadjes droog en pluk ze van de bos. Pureer de blaadjes met de knoflookteentjes in een keukenmachine of maak ze fijn in een vijzel. Doe hetzelfde met de pijnappelpitten. Schep de basilicumpuree, gehakte pijnpitten en Parmezaanse kaas door elkaar. Voeg al roerend in een straaltje de olie toe tot een saus ontstaat. Maak op smaak met peper en zout.

PADDESTOELENSAUS

Week de paddestoelen 30 minuten in koud water. Pel de uien en snipper ze. Was de worteltjes en snijd ze klein. Fruit ui en wortel in de olie. Voeg het gehakt toe en rul het met een vork. Snijd de rauwe ham in blokjes en voeg ook die toe. Voeg, als het gehakt gekleurd is, de wijn toe. Snijd de paddestoelen klein en doe ze met het weekvocht bij de saus. Doe dan de peterselie en tomaten met sap erbij. Maak de saus op smaak met citroensap, peper en zout.

30 g gedroogde paddestoelen
2 uien
2 worteltjes
4 eetlepels olie
100 g gehakt
50 g rauwe ham
1 dl rode wijn
sap van ½ citroen
½ kopje fijngehakte peterselie
1 blik gepelde tomaten
peper, zout

CITROEN-ROOMSAUS

30 g boter
30 g bloem
2 dl melk
1 dl room
1 eidooier
1 citroen
peper, zout

Smelt de boter en roer de bloem erdoor. Voeg beetje bij beetje de melk en room toe tot een gebonden saus ontstaat.

Boen de citroen goed schoon en rasp de schil eraf. Halveer hem en pers hem uit. Roer de citroenrasp door de saus en citroensap naar smaak. Roer de dooier los met wat van de saus. Draai het vuur uit onder de pan en doe al roerende het dooiermengsel terug bij de saus. Niet meer laten koken! Maak de saus af op smaak met peper en zout. Garneer met partjes citroen.

KNOFLOOKOLIE

Verhit de olie in een steelpan en knijp de knoflook erboven uit. Voeg de peperkorrels toe en laat de olie op hoog vuur koken tot de knoflook donker gaat kleuren. Zeef de knoflook en peperkorrels uit de olie.

1 dl goede olijfolie
3 teentjes knoflook
1 eetlepel roze-peperkorrels

KAASSAUS

⅛ l slagroom
300 g verschillende soorten kaas (bijvoorbeeld restjes schimmelkaas, belegen kaas, roomkaas)
eventueel peper, zout
4 eetlepels peterselie

Verhit de slagroom in een steelpan. Snijd de verschillende soorten kaas in stukjes, rasp de 'gewone' kaas. Smelt de kaas in de room. Voeg eventueel peper en zout naar smaak toe. (Als u een pittige kaas als Danish Blue gebruikt is dit meestal niet nodig.) Roer de peterselie erdoor.

Maakt u de saus van tevoren, dan zal hij indikken. Roer er dan voor het opwarmen een scheutje melk of room door.

ROQUEFORTSAUS MET APPEL

Verwarm de room in een steelpan. Snijd de kaas in stukjes en los die op in de room. Schil de appel, verwijder het klokhuis en snijd hem in blokjes. Roer de appelblokjes door de saus en laat ze even meewarmen. Maak de saus eventueel af op smaak met peper en zout.

2 dl room
100 g Roquefort
100 g roomkaas
1 zoetzure appel
peper, zout

WALNOTENSAUS

100 g gepelde walnoten
⅛ l slagroom
peper, zout
½ kopje fijngehakte
peterselie
peterselie

Maal de walnoten tot poeder in de keukenmachine. Roer dit door de slagroom en breng het aan de kook. Laat het vijf minuten doorkoken totdat de saus dikker wordt. Voeg de peterselie toe en maak de saus op smaak met peper en zout.

TOMATENSAUS

Pel de ui en snipper hem zo fijn mogelijk. Fruit de ui in de olie en pers het teentje knoflook erboven uit. Was de tomaten en snijd ze in vieren. Doe ze in een pan met tijm, peper en zout en het uimengsel. Voeg eventueel een beetje water toe en breng de tomaten aan de kook. Laat ze in 10 minuten gaar koken. Passeer ze door een roerzeef. Doe de saus terug in de pan, verhit hem en maak hem op smaak met basilicum, peper, zout en wat suiker.

1 ui
1 eetlepel olijfolie
1 knoflookteen
500 g tomaten
tijm
peper
zout
basilicum
suiker

KERRIESAUS MET DOPERWTJES

30 g boter
1 theelepel kerrie
100 g ham
200 g doperwten (uit blik)
¼ l slagroom
peper, zout

Smelt de boter in een koe- kepan en laat de kerrie daarin uitbruisen. Snijd de ham in dunne snippers en warm deze even mee in de boter. Gebruikt u verse of diepvriesdoperwten, kook deze dan eerst gaar in water met wat zout. Roer de doperwten en slagroom door de saus.

Laat de saus op hoog vuur indikken en maak hem op smaak met peper, zout en eventueel nog wat kerrie.

BROCCOLISAUS MET GARNALEN EN ZALM

Verdeel de broccoli in roosjes en kook ze 10 minuten in een bodempje water met wat zout. Smelt de boter in een sauspan, en roer de bloem erdoor. Giet al roerende de melk erbij tot een gebonden saus ontstaat. Maak op smaak met peper en zout. Schep de broccoli, garnalen en kleingesneden zalmsnippers door de saus en warm hem even door.

300 g broccoli
30 g boter
25 g bloem
3 dl melk
peper, zout
100 g gepelde garnalen
100 g zalmsnippers

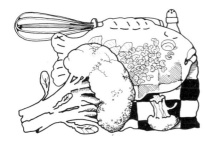

EIERSAUS

50 g boter
80 g Gorgonzola
2 dl room
1 hardgekookt ei
½ beschuit
peper, zout

Smelt de boter in een sauspan. Snijd de Gorgonzola in stukjes en smelt deze in de boter. Voeg de room toe en blijf roeren tot een gladde saus ontstaat. Maak op smaak met peper en zout. Hak het hardgekookte ei zo fijn mogelijk en verkruimel de halve beschuit. Giet de saus over gekookte pasta en strooi het ei-beschuitmengsel erover. Maal er wat zwarte peper over en garneer met een takje peterselie.

MAÏSSAUS

Pel de ui en snipper hem. Fruit hem in de boter glazig. Voeg de slagroom toe en laat deze meewarmen. Snijd de kaas in stukjes en laat deze oplossen in de saus. Laat de maïskorrels uitlekken en schep ze door de saus. Warm de saus goed door en maak hem op smaak met peterselie, peper en zout.

1 kleine ui
40 g boter
1 blikje maïs
⅛ l slagroom
150 g roomkaas
2 eetlepels fijngehakte peterselie
peper, zout

COURGETTESAUS

1 ui
2 eetlepels olie
400 g courgette
peper, zout, basilicum
⅛ l crème fraîche

Pel de ui en snipper hem. Fruit hem in de olie glazig. Was de courgettes en snijd ze in stukjes. Fruit deze 15 minuten zacht mee. Bestrooi ze met peper, zout en basilicum. Pureer de groente in een keukenmachine of blender. Doe de saus terug in de pan en verwarm hem. Roer van het vuur af de crème fraîche erdoor en bestrooi de saus met basilicum.

GEMBERSAUS

Verhit de room in een steelpan. Verbrokkel de roomkaas en smelt die in de room. Roer de fijngehakte gember en gembersiroop door de saus. Snijd de ananas in stukjes en roer ook die door de saus. Voeg eventueel peper en zout toe. Bestrooi de pasta voor het opdienen met geraspte Parmezaanse kaas.

2 dl room
200 g roomkaas
2 eetlepels fijngehakte gember
2 eetlepels gembersiroop
2 schijven ananas
peper, zout
50 g Parmezaanse kaas

OLIJVENPASTA

200 g zwarte olijven zonder pit
1 knoflookteen
25 g geschaafde amandelen
25 g geraspte Parmezaanse kaas
2 dl olijfolie
peper, zout

Pureer de olijven met de knoflookteen, amandelen en Parmezaanse kaas. Voeg tijdens het pureren in een straaltje de olie toe tot een smeüige saus ontstaat. Voeg eventueel peper en zout naar smaak toe en dien deze koude saus op met in stukjes gesneden tomaat op warme pasta.

PAPRIKASAUS

Pel de ui en snipper hem. Verwijder de zaden en zaadlijsten uit de paprika's en snijd ze in stukjes. Fruit de ui en paprika in de olie tot ze zacht zijn. Pureer dan de paprika, kappertjes en ansjovisfilets in de keukenmachine.
Maak de saus op smaak met peper, zout, oregano en citroensap en verwarm hem. Bestrooi de pasta voor het opdienen royaal met geraspte kaas.

1 ui
3 rode paprika's
3 eetlepels olie
1 eetlepel kappertjes
3 ansjovisfilets
sap van ½ citroen
peper, zout, oregano
100 g geraspte kaas

SAUS MET KIPPELEVERTJES

1 ui
1 knoflookteen
30 g boter
300 g kippelevers
2 eetlepels tomatenpuree
1 glaasje rode port
peper, zout
scheutje room

Pel de ui en snipper hem. Fruit de ui in de boter en pers de knoflookteen erboven uit. Was de kippelevers en snijd ze in kleine stukjes. Bak de kippelevers met de uien mee tot ze gaar zijn. Roer de tomatenpuree erdoor en blus de saus af met de port. Maak hem op smaak met peper, zout en een scheutje room.

UIENSAUS

Pel de uien en snipper ze. Breng de uisnipppers met een bodem koud water aan de kook en laat ze 5 minuten koken.
Giet ze af. Pel de tomaten door ze enkele tellen onder te dompelen in kokend water en snijd ze klein. Fruit de uien en de tomaat heel zacht in de boter. Knijp de knoflookteen erboven uit. Voeg peper, zout en oregano naar smaak toe en laat de saus op een treefje een uur heel zacht pruttelen tot hij helemaal fijn is.

400 g uien
100 g tomaten
1 knoflookteen
50 g boter of margarine
peper, zout, oregano

SAUS VAN ARTISJOK-HARTEN EN KIP

1 dubbele kipfilet
1 l kippebouillon
30 g boter
30 g bloem
sap van ½ citroen
peper, zout
4 artisjokharten

Kook de kipfilet in de bouillon gaar (25 minuten). Schep hem uit de bouillon met een schuimspaan en snijd hem in kleine stukjes. Smelt de boter in een pan met dikke bodem.

Roer de bloem erdoor en al roerende kippebouillon tot een dikke saus ontstaat. Pureer de artisjokharten met wat kippebouillon in een keukenmachine of blender. Roer dit met de stukjes kip door de saus. Warm de saus goed door en maak hem op smaak met peper, zout en citroensap.

TUINKERSSAUS

Verhit de olie en knijp het knoflookteentje erboven uit. Snijd de ham in dobbelsteentjes en bak die in de olie tot ze gaan kleuren. Meng de ham met de olie door de goed warme spaghetti. Knip de tuinkers van de worteltjes en strooi deze over de spaghetti.

5 eetlepels olie
1 knoflookteentje
2 plakken ham van 1 cm dik
1 bakje tuinkers

ROOMSAUS

50 g boter
250 g Ricotta of Hüttenkäse
⅛ l slagroom
2 eidooiers
zout
peper
geraspte Parmezaanse kaas

Smelt de boter zachtjes. Roer de Hüttenkäse erdoor en verwarm hem in de boter. Voeg de room toe. Roer de eidooiers los met 2 eetlepels van de warme saus. Giet dan al roerende het dooiermengsel terug in de pan. Verhit de saus tot hij bindt. Maak hem op smaak met peper en zout.

Bestrooi de saus voor het opdienen met Parmezaanse kaas.

MAKREELSAUS

Ontdoe de makreel van vel en graten en snijd hem in stukjes. Pureer de stukjes makreel in een keukenmachine of blender. Knijp de knoflookteen erboven uit. Roer het tomatensap erdoor en maak de saus af met peper en zout.
Laat de saus op laag vuur warm worden en roer er naar smaak crème fraîche door.

400 g gerookte makreel
1 knoflookteen
3 dl tomatensap
grof gemalen peper
zout
eventueel ⅛ l crème fraîche

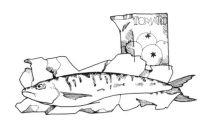

MARSALASAUS

100 g oesterzwammen
20 g boter
1 dl bruine Marsalawijn
⅛ l slagroom
eventueel 1 eetlepel maïzena
peper, zout
peterselie

Veeg de oesterzwammen schoon en snijd ze in stukjes. Bak ze snel goudbruin in de boter en bestrooi ze met zout. Voeg de Marsalawijn en de slagroom toe. Laat de saus op hoog vuur indikken en bind hem eventueel met wat maïzena, aangelengd met water. Voeg peper en zout naar smaak toe. Bestrooi de pasta royaal met peterselie.

SAUS MET ERWTJES

Smelt de boter zachtjes in een pan en smoor daarin het gekneusde knoflookteentje. Verkruimel de roomkaas met een vork. Verwijder het teentje knoflook en smelt de kaas in de boter. Roer de room erdoor. Snijd de ham in reepjes. Roer de doperwten en ham door de saus en laat ze meewarmen. Maak de saus op smaak met peper, zout en Parmezaanse kaas.

300 g (verse) gekookte doperwten
100 g ham
100 g roomkaas
50 g boter
1 dl room
1 knoflookteentje
peper, zout
Parmezaanse kaas

KREEFTESAUS

1 blikje kreeftesoep
(½ l soep)
250 g tomaten
1 ui
100 g gepelde garnalen
1 eetlepel fijngehakte dille
1 dl slagroom
2 eetlepels sherry
2 eetlepels maïzena
peper, zout

Bereid de soep volgens de aanwijzingen. Pel de tomaten door ze enkele tellen onder te dompelen in kokend water. Snijd ze in stukjes. Pel de ui en snijd hem klein. Fruit de ui in de olie. Voeg de tomaten en garnalen toe en smoor deze even mee. Roer de soep erdoor met de slagroom, sherry en fijngehakte dille. Breng de saus aan de kook en laat hem op hoog vuur inkoken. Bind hem eventueel met wat maïzena, losgeroerd met water. Maak de saus tot slot af op smaak met peper en zout.

ASPERGESAUS

Kook de eieren hard. Pureer de asperges in een keukenmachine of blender met de bouillon. Breng de mousse langzaam aan de kook. Snijd de ham in dunne reepjes en warm deze mee. Maak de saus op smaak met de crème fraîche, peper en zout. Hak de eieren fijn en strooi deze voor het opdienen over de saus.

2 eieren
200 g vers geschilde asperges of uit blik
2 dl groentebouillon
50 g ham
2 eetlepels crème fraîche
peper, zout

KRUIDENSAUS

1 ui
2 knoflookteentjes
rozemarijn, salie en oregano (liefst vers)
peper
3 eetlepels olijfolie
scheutje room
peper
zout
geraspte Parmezaanse kaas

Snipper de ui en fruit hem in de olie. Pers de teentjes knoflook erboven uit. Hak de kruiden en smoor ze even mee.

Voeg na 5 minuten de room toe en peper, zout en kaas naar smaak. Laat de saus 10 minuten zacht doorkoken.

LUCHTIGE DRAGONSAUS

Klop de eieren luchtig met de suiker. Plaats de kom boven een pan met heet water tegen de kook aan. Blijf kloppen tot een luchtige saus ontstaat. Klop de azijn en wijn erdoor.
Schep de dragon erdoor en dien de saus direct op.

2 eieren
2 eidooiers
1 eetlepel suiker
½ dl dragonazijn
½ dl witte wijn
1 eetlepel gehakte dragon

ZOETE GEHAKT-BALLETJESSAUS

1 sjalotje
50 g boter
2 knoflooktenen
300 g gehakt
1 ei
30 g paneermeel
peper, zout
salie
¼ l bouillon
1 klein blik perziken
1 theelepel sambal
2 eetlepels maïzena

Pel het sjalotje en snipper het. Fruit het in de boter glazig. Knijp de knoflooktenen erboven uit. Schep de ui en knoflook uit de pan en kneed het door het gehakt met het ei, paneermeel, peper, zout en salie. Draai kleine balletjes van het gehakt en bak ze snel bruin in het braadvet van de uien. Schenk de bouillon erbij en het nat van de perziken. Snijd de perziken in kleine stukjes en doe die in de pan. Laat alles 10 minuten zacht koken. Maak de saus op smaak met sambal en bind hem met een papje van maïzena en water.

ZALMSAUS

Verbrokkel de zalm en verwijder harde stukjes. Verhit de olie in een pan en fruit daarin het geplette knoflookteentje. Verwijder het teentje en bak de zalm 5 minuten in de olie. Meng de saus door de spaghetti en strooi er wat gehakte peterselie en grof gemalen peper over.

300 g zalm uit blik
3 eetlepels olie
1 teentje knoflook
peper
gehakte peterselie

CARBONARASAUS

150 g bacon
2 teentjes knoflook
⅛ l slagroom
2 eieren
4 eetlepels fijngehakte peterselie
40 g Parmezaanse kaas
zout, zwarte peper

Snijd de bacon in reepjes en bak ze zacht uit in de boter. Knijp de knoflooktenen erboven uit. Roer de eieren los met de slagroom, peterselie, Parmezaanse kaas en zwarte peper.

Schep de bacon erdoor. Meng de saus door de pasta zodra hij is afgegoten. Het ei zal stollen en zich aan de pasta hechten.

PREISAUS

Maak de preien schoon en snijd ze in dunne ringen. Smoor ze 5 minuten zacht in de boter. Bestrooi de prei met peper en zout en giet de slagroom en sherry erbij. Breng de saus aan de kook en laat hem op hoog vuur iets binden. Bestrooi de saus voor het opdienen met Parmezaanse kaas.

500 g prei
30 g boter
peper, zout
scheutje sherry
⅛ l slagroom
40 g Parmezaanse kaas

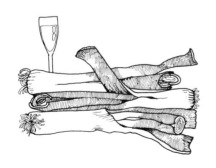

PASTA MET WATERKERS

200 g Gorgonzola
1 bosje waterkers
30 g boter
1 dl room
peper
zout

Pluk de worteltjes van de waterkers en hak de blaadjes grof. Smelt de boter in een pan en smoor daarin zachtjes de waterkers tot deze zacht is. Verbrokkel de Gorgonzola. Doe de kaas erbij in de pan en laat hem smelten. Voeg de room en peper en zout naar smaak toe. Laat de saus onder roeren nog 5 minuten zacht doorkoken.

KLEURIGE PASTA

Maak eerst de courgettes schoon en snijd ze in blokjes. Verhit de olijfolie en bak daarin zachtjes de courgetteblokjes. Bestrooi ze met peper en zout en knijp het knoflookteentje erboven uit. Voeg na 5 minuten de baconblokjes toe en laat ze 10 minuten meebakken. Meng de courgette en bacon met de olie door de spaghetti. Bestrooi het geheel met Parmezaanse kaas.

250 g courgette
100 g bacon in blokjes
1 knoflookteentje
6 eetlepels olijfolie
4 eetlepels geraspte Parmezaanse kaas
zout, peper

REGISTER

	blz.
Artisjokharten en kip, saus van	30
Aspergesaus	37
Broccolisaus met garnalen en zalm	21
Carbonarasaus	42
Champignonsaus	8
Citroen-roomsaus	14
Courgettesaus	24
Dragonsaus, luchtige	39
Duivelse saus	7
Eiersaus	22
Erwtjes, saus met	35
Gehaktballetjessaus, zoete	40
Gehaktsaus	9
Gembersaus	25
Kaassaus	16
Kerriesaus met doperwtjes	20
Kippelevertjes, saus met	28
Kleurige pasta	45
Knoflookolie	15
Kreeftesaus	36
Kruidensaus	38
Maïssaus	23
Makreelsaus	33
Marsalasaus	34
Mosselsaus	11
Olijvenpasta	26
Paddestoelensaus	13
Paprikasaus	27
Pesto	12
Preisaus	43
Roomsaus	32
Roquefortsaus met appel	17
Tomatensaus	19
Tonijnsaus	6
Tuinkerssaus	31
Uiensaus	29
Walnotensaus	18
Waterkers, pasta met	44
Worstsaus, pikante	10
Zalmsaus	41